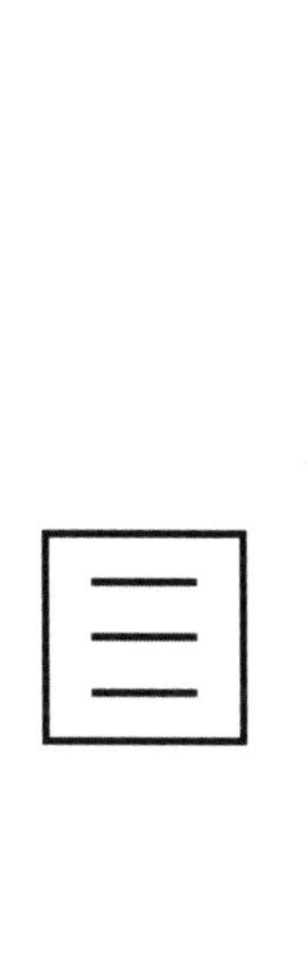

Marlene Streeruwitz

Gedankenspiele über die

Toleranz

Literaturverlag Droschl

20. März 2023. Flug OS089. Wien–New York.

Ich beginne diesen Text auf dem Flug von Wien nach New York. Ich sitze mit 360 anderen Personen in diesem Flugzeug. Wir wissen nichts voneinander. Es verbindet uns allein die Tatsache, dass wir einen Vertrag mit der Fluggesellschaft abgeschlossen haben, uns nach New York zu transportieren. Sonst. Wir wissen nur, was wir sehen. Und. In diesem einen Augenblick. Wenn das Flugzeug abhebt. Ich denke dann immer ans Abstürzen. Und. Dass das nun die Personen rund um mich sind, mit denen ich dieses Schicksal teilen werde. Für die achteinhalb Stunden des Flugs nach New York sind wir eine Schicksalsgemeinschaft.

Zu Beginn. Vor dem Abflug. Ich sehe viele sehr verschiedene Personen, ihre Handkoffer in die overhead bins stemmen. Orthodox jüdische Männer mit Kippa und im Tallit. Die Frauen mit Perücken oder Kopftüchern. Serbisch sprechende Familien in Sportkleidung. Albanisch sprechende Familien. Die Männer in dunklen Anzügen und Sportschuhen. Die sehr alten Frauen tragen lange Schürzenkleider und Kopftücher. Black and brown people. Und all die anderen Personen, die mir nicht auffallen, weil sie mir gewohnt scheinen. Weil wir einander ähnlich sind.

Nun. Wir haben alle ein Ticket gekauft. Aber nicht einmal dieser Vorgang verbindet uns. Jede Person hier an Bord hat andere Gründe, diese Reise zu unternehmen. Nur. Während dieses Transports sind wir für achteinhalb Stunden auf ein grundlegend zivilisiertes Verhalten angewiesen. Wir befolgen eine Hausordnung der Fluggesellschaft. Es geht um unsere Sicherheit. Wir wollen alle heil ans Ziel kommen. Wir dulden einander. Vorbehalte und Vorurteile. Sie ruhen für die Zeit der Reise.

So. Wir sitzen starr in unseren Sitzen und starren nach vorne. Die Bildschirme sind in diesen starren Blick gestellt. Wir müssen ja ruhig gestellt diese achteinhalb Stunden durchwarten. Wir maskieren mit diesem starren Blick alles uns als Person Betreffende. Alle Beschreibung von dem, was privat genannt wird, muss vermieden werden. Wir wollen alle nicht reagieren. Reagieren müssen.

Also. Ich beuge mich über meinen Schreibblock, wenn vorne bei den Toiletten der Premium-Economy die Männer in den Tallits zusammenstehen und beten. Ich beuge mich über meinen Schreibblock, wenn die Frau drei Reihen vor mir auf dem so viel größeren Bildschirm der Premium-Economy sich mittelalterliche Schlachtszenen vorführen lässt. Säße ich aufrecht in meinem Sitz in der zweiten Reihe der Economy-Class. Ich müsste mitansehen, wie am Ende des Turniers der siegreiche Ritter dem Verlierer sein Schwert in den Hals bohrt und eine Fontäne Bluts hochspritzt. Sähe ich richtig zu, ich müsste mir die entsprechenden Geräusche vorstellen. So. Es bleibt bei Ahnungen. Ganz kann ich diesen Bildschirm ja nicht aus meinem Blickfeld bekommen. Ich beuge mich über mein Buch, wenn mein Sitznachbar sich die Folterung einer black person auf seinem Bildschirm vorspielen lässt. Diese Bilder laufen im rechten Augenwinkel weit außen weiter ab. Ich dulde. Die anderen dulden mich. Es sind nur wenige da, die Bücher lesen. Und beim Umblättern der Zeitung störe ich den Nachbarn, der sich die Folterung anschaut. Es dulden alle. Es geht schließlich nur darum, nach New York zu kommen. Alle anderen Überlegungen sind beiseitegeschoben. Alle anderen Überlegungen können beiseitegeschoben werden. Wir werden sofort nach der Ankunft in alle Richtungen auseinanderstreben. Wir sind Passagiere. In gewisser Weise ruhen unsere Leben insgesamt. Wir sind keine Personen. Wir verbergen uns und einander hinter der Bezeichnung Passagier. Als Passagiere. Die Duldung ist miteingeschlossen.

Dann. Am Ende der Reise. Dann können oder müssen wir wieder unser Dasein verteidigen. Dann wieder. Dann erst wieder wird es notwendig sein, Entscheidungen zu treffen. Zu beschließen, in welchem Zustand der Toleranz und der Intoleranz wir leben wollen. Oder müssen. Oder können. Wir sind ja nicht das Narrenschiff der Ausgestoßenen des Mittelalters, das nur hinausfährt und kein Ziel kennt. Oder?

Im Flugzeug. Auf meinem Bildschirm kann ich sehen, dass wir gerade Irland überfliegen.

Bei Voltaire[1] lese ich in seinem Aufsatz »Über die Toleranz: veranlaßt durch die Hinrichtung des Johann Calas, im Jahre 1762« ein Beispiel grausamster Verfolgungen von Protestanten durch Katholiken in Irland. Voltaire schildert das Ulster Massaker. Protestantische Siedler, ihre Frauen und Kinder wurden von Katholiken aufs Grausamste ermordet. Das war 1641.

Im Flugzeug. Ich fliege in die USA. Die Gründung der USA hat die Frage der Toleranz und Intoleranz zum Mittelpunkt. Der Staat sollte in geschwisterlicher Weise jedem Bürger die Gleichheit verleihen. In dieser Gleichheit gesichert, sollte jeder Bürger je auf seine Art glücklich werden können. Religion wurde in den Bezirk der Meinung verschoben und nicht mehr als Quelle des Wissens angesehen. Wie das im Absolutismus in Europa der Fall war. Die Gründungsväter der USA legten ihrem Staat das common good der Gleichheit zugrunde. Die Gründungsväter wollten die Mehrheit für die fundamentalen Grundrechte der Gleichheit

1 Voltaire: Über die Toleranz: veranlaßt durch die Hinrichtung des Johann Calas, im Jahre 1762. Berlin 2015. Seite 64.

und gleichzeitig sollte verhindert werden, dass diese Mehrheit ihre Macht dazu verwendet, diese Grundrechte wieder zurückzunehmen.

Heute. Der Ausgang dieses Vorhabens wird gerade wieder aufs Heftigste verhandelt. Dennoch. Die Verfassung der USA lässt die Intoleranz des Absolutismus hinter sich und verlangt dafür nur Loyalität zu einer Regierungsform und deren rationalen Prinzipien. Voltaires Vernunft ist zum Verfassungsprinzip gemacht. Der Immigrant muss nur die Ansprüche seiner alten Welt zurücklegen und sich diesem Vernunftsprinzip anordnen. Alles andere ist dann seine Sache.

Ich. Als Europäerin. Ich komme aus der Superegokatastrophe des Absolutismus. Und heute. Jetzt gerade. Ich reise in ein Land, in dem die Frage der Toleranz und Intoleranz mittlerweile als kulturelles Phänomen ausgehandelt wird. Religion oder Vernunft. Das spielt mittlerweile die indirekte Rolle der Motivation. Es geht um das Recht auf Identität und damit wiederum indirekt um die Seele, um die es direkt in den Religionskriegen gegangen war. Vordergründig. Es ging ja eigentlich immer um Macht. Also um Besitz an Körpern und Gütern.

Heute. Jetzt. In den USA, in die vor den Religionskriegen geflüchtet worden war. Es geht darum, wie viel Recht eine Person über ihren Körper hat. Immer noch geht es um die Frage, wem dieser Körper gehört. In wessen Besitz dieser Körper ist. Es geht um Selbstbestimmung. Und dass diese Körper gleichberechtigt sein sollen. Die schwarzen Körper. Die braunen. Die weiblichen. Die schwulen. Die in Umwandlung. Ausgetragen wird das über die Frage der Abtreibung und des Geschlechts. Und wie im 16. Jahrhundert mit dem Beginn der Aufklärung geht es wiederum um die Frage, was Wissen ist. Wie Wahrheit zustande kommt. Und was der Staat damit zu tun hat.

Aber vielleicht ist es besser zu sagen, dass es weiterhin darum geht. Die Verschneidung von religiöser oder ideologischer Privatheit und politischer Öffentlichkeit ist wohl nie wirklich aufgelöst worden. Säkularisierungen werden in der Geschichte absichtsvoll halbherzig erledigt. Oder durchgeführt. Das Patriarchat erhält sich Glaubenselemente. Magisches Denken. Zuweisungsmerkmale. Und jeder Mann. Jede Hegemonialität erfrischt sich aus diesen Kleinelementen, die dann wieder zu beherrschenden Aspekten werden können.

Was heißt das alles nun, frage ich mich. Hat der Bürgerkrieg in den USA. Und da ging es um die Beendigung der Intoleranz gegenüber der Sklavenbevölkerung. Also gegen den Besitz an den schwarzen Körpern. Hat dieser Bürgerkrieg nie geendet oder wird er neu wieder aufgenommen.

In meiner Kultur sind es ja die strukturellen Erbschaften des römisch-katholischen Absolutismus und der Auslieferung des österreichischen Manns in seiner Privatheit an die strengen Eheregeln von Rom, die die Gegenwart beherrschen. Die die Aspekte herstellen, die der Intoleranz dienen. Diskret so. Obwohl. Die Erinnerungen an all die historischen Intoleranzen kriechen immer deutlicher in die politische Wirklichkeit zurück. Nur anders. Freiheit. Also der Zustand, in dem die Person sich selbst gehört und nicht einmal mehr Toleranz bräuchte. Das gibt es auch bei uns nicht. Kulturell nicht. Die Verfassung würde es uns ja garantieren.

Im Flugzeug. Die Vorstellung einander nach

diesen achteinhalb Stunden nie wieder sehen zu müssen. Diese Vorstellung stellt uns ruhig. Wir erdulden einander. Aber Toleranz ist das nicht. Oder doch. Ist das schon Toleranz? Diese Verschmälerung der Person zum Passagier. Unbezeichnet sitzen wir nebeneinander und starren nach vorne. Unserem Ziel entgegen. Wir vermeiden die Kenntnisnahme voneinander. Sonst ließe sich vielleicht nicht so starr nach vorne schauen. Und eigentlich. Das ist das meiste an Gesellschaftlichkeit, was wir so schaffen. Ein kleines gemeinsames Ziel. Eine Theateraufführung. Ein Konzert. Eine Flugreise. Kreuzfahrten. Und wir sitzen nebeneinander und starren nach vorne.

13. Februar 2001. Moskau.
Neue Tretjakow Galerie.

Ich blieb hinter der Führung zurück. Blieb vor einem schmalen, hochformatigen Bild stehen. Auf dem Bild. Von hoch oben war der Blick in die Schlucht zwischen grauen Hochhäusern gemalt. Die Hochhäuser dem Blick entgegen ragend. Weit unten. Am Grund der Schlucht. Ein kleines Mädchen. Den Schacht herauf entfliegt ihr ein roter Luftballon, und sie schaut ihm nach. Ihr Gesicht nach oben gewandt. Der rote Luftballon und der blaue Himmel. Sonst alles grau. Ein kitschiges Bild. Eigentlich.

Entkommen. Entflogen. Gerettet, dachte ich. Nein. Gerettet ja nicht. Wie kann ein Luftballon gerettet werden. Das Mädchen blieb ja zurück.

Ich stand da. Es war einer dieser Augenblicke. Das Bild erzählte mir die ganze Welt. Und. Grenzenloses Elend umgab mich. Ich war allein in diesem Raum. Das schmale, graugerahmte Bild. Die hilflose Haltung des kleinen Mädchens. Der unerreichbare rote Luftballon. Und es war ja so gewesen. Die rote Hoffnung war verschwunden. Verloren. Vertan. Die Personen. Es war darum gegangen, der Welt das Heil zu bringen. Wieder einmal. Es war ein Paradies versprochen worden. Und dafür war getötet worden. Verfolgt. Interniert. Wieder einmal im Namen eines Paradieses. Es sind ja immer Paradiese, für die getötet wird. Paradiese werden immer erzwungen und sind dann die einzig denkbare Möglichkeit. Wissen und Wahrheit. Und ich. Das Bild anschauend. In die Häuserschlucht hinunter auf das kleine Mädchen starrend.

Wir waren zu einer Zeit in Russland gereist, als die Macht zwischen der sozialistischen Kultur und dem Oligarchischen noch nicht so eindeutig entschieden war. Die Spuren der Vergangenheit und vor allem des Übergangs waren noch zu sehen. Noch waren die Zuhälter unterwegs, die vom Staat überlassenen Wohnungen und Staatsanteile aufzukaufen und sich so der Herrschaft zu bemächtigen. Die Neue Tretjakow Galerie war noch nicht renoviert. Wasserflecken an Decken und Wänden. Es war bitterkalt. Die Räume nicht geheizt und fast so kalt wie draußen. Und nicht gepflegt. Die Renovierung der Eremitage war vorgezogen worden. Und in Petersburg. Eine sehr junge Reiseführerin hatte uns erzählt, was für eine Verfehlung die Oktoberrevolution gewesen war. Was für eine Dummheit, hatte sie gesagt. Die Neue Tretjakow Galerie. Die war ein Erbe der Sowjetunion. Und die Wasserschäden erzählten die ganze Geschichte.

Vor dem Bild mit dem roten Luftballon. In der Trauer darüber, dass alles so war, wie es gewesen war. Ich musste sehen. Anschauen. Paradiese berauben sich selbst in diesem Töten der NichtZuGehörigen. DerNichtGleichDenkenden. Der zu AnderenGemachten. Der zu AnderenGedachten.Wie in diesen Paradiesen in der VerAnderung der Person immer nur dieser eine Aspekt getötet werden muss. Wie dieser eine einzige Aspekt die veranderte Person zur Geisel nimmt, aber dann den Körper meint und alles tötet an dieser Person. Alle Begabung. Alles Können. Alle Liebe. Alle Trauer. Alle Möglichkeiten. Macht ist da großzügig und die Vernichtung gründlich. Es könnte eine Madame Curie sein. Oder ein Michelangelo. Die Macht ordnet die Personen nur nach diesen einzigen Aspekten. Nach ihrem Willen. Oder gegen sie.

Wie viele es waren. Durch all die Zeiten. Und wie grausam. Wie die Intoleranz immer gleich alle Schrecken kommandiert. Kommandierte. Und genießt. Genoss. Immer und jedes Mal. Der Mob beim Lynchen. Die Massen bei den Hinrichtungen. Die Bürokraten vor den Zahlen der Ermordeten. Intoleranz ist eine geifernde Leere, die gefüllt werden muss. Eine Form von Hunger. Kannibalismus.

Es fiel mir ein. Mein Vater hatte mir immer entgegengehalten, dass ich froh sein sollte, dass er in den Krieg gezogen war. Hätte er das nicht gemacht, er wäre sofort erschossen worden. Und dann. Es gäbe mich nicht. Meine Existenz war zu einer Kriegsbestätigung gemacht worden. Das war die Waldheimstory, nicht anders handeln haben zu können. Unter diesen Umständen. Aber das Seltsame war, dass diese Umstände auch später nicht in Frage gestellt wurden. Als es andere Umstände geworden waren. Und die Überlebenden zurückschauen hätten können.

In der Neuen Tretjakow Galerie. Wir sind alle Überlebende, musste ich denken. Wir sind alle die, die übrig geblieben sind. Wir sind Davongekommene. Und ich hätte das kleine Mädchen auf dem Bild. Und alle und jeden und jede in eine andere Welt führen mögen. Eine Welt, in der die Überlebenden miteinander. Solidarität? Zusammengehörigkeit? Aber es fiel mir nur das Wort Liebe ein. Eine Welt, die wir alle als Überlebende der geschichtlichen Schrecken in Liebe teilen mögen.

28. März 2023. New York. Bleecker Street.

Auf Novara Media. Das ist ein linker Nachrichtendienst in London. Auf Novara Media wurde die Frage gestellt, ob Public Schools im United Kingdom verboten werden sollen. Public Schools. Das sind in England private Schulen, die als Internate geführt werden und den Nachwuchs der konservativen Führungseliten garantieren sollen.

Richard Beard schlägt ein solches Verbot in seiner Autobiographie »Sad Little Men. Private Schools and the Ruin of England«[2] vor. Der Autor war selbst Schüler einer dieser Public Schools gewesen. Mit 8 Jahren kam er in eines von diesen Eliteinternaten. Er nennt solche Internate »totale Institutionen«. Damit meint er, dass der Schüler vollkommen der Macht der Institution ausgeliefert ist. In der Besprechung kommen dann die Rituale der Demütigungen

2 Beard, Richard: Sad Little Men. Private Schools and the Ruin of England. London 2021.

und der Züchtigungen zur Sprache. Er schildert, wie die Militarisierung des Körpers vonstattengeht. Wie zu Beginn des Aufenthalts und gleich nach der Trennung von der Familie und der gewohnten Umgebung die kleinen Buben sich im Schlafsaal in den Schlaf weinen. Wie dann aber am nächsten Tag geleugnet werden muss, dass einer geweint hat. Weinen. Das würde bedeuten, für diese Schule unbrauchbar zu sein. Weil aber nun diesen Buben eingehämmert würde, dass diese Schule das Beste sei, was einem widerfahren könne. Und weil es das schlimmste Versagen darstellte, von den Eltern abgeholt werden zu müssen. Deshalb lernten die Kinder den Trennungsschmerz zu unterdrücken. So würde jeder Public School Schüler darin geübt, die eigenen Schmerzen zu unterdrücken und jede Empathie gegen sich selbst aufzugeben. Nun darf ja kein Bub zugeben, über die Trennung von der Familie traurig zu sein. So würde wiederum die Empathie mit den anderen Schülern verlernt, wenn die Traurigkeit verleugnet wird. Verleugnet werden muss. Der Public School Schüler wird zu einer Person gemacht, die die eigenen Bedürfnisse und die anderer übergehen muss. Und dann kann. Ein soziales Instrument des Asozialen ist erlernt. Diese Zurichtung erkauft die Zugehörigkeit zu der privilegierten Gruppe der Public School Absolventen, die in Großbritannien weiterhin in Politik und Wirtschaft die Führungspositionen besetzen. Die antrainierte Empathielosigkeit wird dann Führungsqualität genannt. Ein Training zu Intoleranz in Wort und Tat sei das. Eine solche Institution könne nicht reformiert werden. Nur die Abschaffung könne zu einer verständnisvolleren Gesellschaft führen.

Nach Voltaire würde ja die Vernunft ausreichen. Vernunft, die sich auf das Naturrecht des Menschen beruft. Für die Führungsperson, wie sie in allen Eliten in der ganzen Welt auftritt. Für dieses, zur Intoleranz auch gegen sich selbst erzogene Führungspersonal. In dieser alles umfassenden Intoleranz kann Toleranz zu einem der Instrumente werden. Toleranz wird dann eines der vielen Herrschaftsinstrumente wie Pauperisierung in einer cost of living crisis, wie wir sie gerade erleben. Und wie immer. Intoleranz ist klar beschreibbar. Toleranz nicht. Wir können immer nur das beschreiben, was manifest wird. Die Verhinderung. Die Verbesserung. Das Gute. Nicht einmal die Abwesenheit des Bösen können wir als Ergebnis beschreiben. In unseren Kulturen ist das Gute unbeschreibbar ergebnislos. Belohnungslos. Und. Die Moderne hat das Jenseits aufgegeben. Das Jenseits, in dem das Gute als ewiges Leben Beschreibung fand.

15. November 2019. Venedig.
Scuola Grande di San Rocco.

Es war ein kalter, klarer Tag. Vom Vaporetto nach Torcello aus waren die Schneealpen zu sehen gewesen. Am Nachmittag. Wir waren in der Scuola Grande di San Rocco. Nach der Scuola dei Carmini.

Bilder. Bilder. Säle voll von Bildern. Decken voll von Bildern. Tintoretto. Palma di Giovanna. Longhena. Gaspari. Bambini. An jeder Wand. An jeder Decke. Die Erzählung des Kampfs gegen die Ungläubigen und der Triumph des Siegs. Katholizismus im 16. Jahrhundert. Der weltliche Sieg anhand des spirituellen erzählt. Eine Deckerzählung.

Nun. Ich bin katholisch sozialisiert. In die Kirche gehen. In der Kirche sein. Auf die Bilder schauen. Bilder anstarren. Die Kirche und die Bilder in ihr waren unbemerkbare Selbstverständlichkeit gewesen. Dass gequält und gefoltert und gestorben wird. Auf diesen Bildern.

Das war normal. Und das ist weiterhin normal. Die Kirchen haben ihre Kunst nach dem westfälischen Frieden nicht ausgetauscht. Oder verändert. Im Gegenteil. Die katholische Kirche in der Habsburg-Monarchie feierte ihre Stärke in der Pracht des Barock. Aufs Überschwenglichste so. Und bis heute. Die nächsten Generationen sitzen auf den Kinderbänkchen in der Stadtpfarrkirche von Baden und starren auf die Bilder.

Die Stadtpfarrkirche Baden. Eine romanische Gründung. Gotisch überbaut. Barockisiert. Ende des 19. Jahrhunderts regotisiert.

Viel Zeit brachte so eine kleine Person in dieser Kirche zu. Mit all den Kindermessen und Marienandachten und Kreuzwegen. Lange wurden diese Bilder angestarrt. In Erinnerung. Es sind nur die mille fiori Wiesen zu Füßen einiger Heiliger auf den Glasfenstern in den Seitenschiffen in Erinnerung.

In der Scuola Grande di San Rocco. Wir waren in allen Sälen gewesen und hatten auf die Decken hinaufgeschaut. Wie immer das Staunen über den Reichtum. Über die Überfülle an Kunstwerken. Wie sie da aneinandergereiht sind. Hinaufgestapelt. Übereinander getürmt.

Ich war an die Stiege zurückgegangen. Zwischen zwei Säulen die Darstellung einer Folterung. Einem Heiligen wird mittels Metallhaken in seiner Stirn die Kopfhaut abgezogen. Männer in Turbanen bewerkstelligen das. Sie lachen. Sie machen sich an den Seilen zu schaffen, die an den Haken zerren und die Kopfhaut aufreißen. Blut perlt aus den Wunden.

Ich bleibe stehen und warte auf die anderen. Ich schaue auf das Bild. Ich starre auf das Bild. Der Heilige ist fast lebensgroß vor mir. Die Folterknechte kleiner. Im Hintergrund. Hinter dem Heiligen. Der Heilige kniet. Er schaut an mir vorbei in den Himmel hinauf. Ich weiß nicht mehr, ob von oben irgendeine Antwort aufgemalt war. Ein Heiliger Geist, der seine Strahlen schickt. Eine strahlende Öffnung in den Wolken, dem Heiligen den Weg in den Himmel zu weisen. Denn. Der Heilige kniet und betet. Ruhig kniet er mit gefalteten Händen. Der Schmerz. Die Qualen. Die Erniedrigung. Das alles erreicht ihn nicht. Und mit einem Mal. Es eröffnet sich mir die Botschaft dieser Bilder. Die Botschaft ist nicht mehr selbstverständlich in das Anschauen des Bilds verborgen. Die Botschaft solcher Bilder. Sie verbirgt sich nicht mehr im Gewohnten. Mit einem Mal so.

»Gib dich dem Glauben hin und du wirst keinen Schmerz verspüren.«

»Die Ungläubigen können dir nichts antun, denn du bist in deinem Glauben gesichert.«

»Opfere dich für deinen Glauben und die ewige Seligkeit ist dir sicher.«

Mir fällt ein, dass ich vielleicht Kunstgeschichte studiert habe, um mir diese Bilder fernhalten zu lernen. Diese Bilder in die Kunstgeschichte verschieben zu können. Und so der Botschaft zu entkommen, die mir von immer her zugeraunt worden war. In diesem Augenblick. In der Scuola Grande. Ich bin überfallen. Alles Raunen der Kindheit wird zum lauten Gestöhne. Das Elend all dieser Gewalt. Durch alle Zeiten. Die Erziehung in diese Gewalt hinein. Ich ging hinaus.

Ich wartete draußen. Ich ließ meine Erziehung zur Intoleranz hinter mir. Für dieses Mal. Eine Erziehung war das gewesen, von der ich angenommen hatte, sie schon längst abgelegt zu haben. Aber. Das geht so einfach nicht. Im

Gegenteil. In der Sonne draußen. Der Betrug machte so wütend. Das Wissen, in diesen Spuk hineingezogen worden zu sein. Doppelt betrogen so. Die Versprechungen eine Lüge und diese Lüge als Prägung ewig aufgebürdet. Intoleranz in der frühen Zeit der Person gelernt. Sie wird der Person zur Grundierung bleiben. Wir müssten alle und gemeinsam diesen Prägungen nachgehen und sie einander dann verzeihen. Verzeihen. Das ist ohnehin nur der Verzicht auf Vergeltung. Mehr nicht. Aber weniger würde nicht reichen, von der Intoleranz zur Toleranz und endlich zur Anerkennung der Grundrechte zu kommen.

Was so schwierig ist. Die religiöse Person. Das Mitglied einer Gruppe. In der Möglichkeit, in dieser Gestalt für das Ganze stehen zu können. Als Katholikin alle Katholiken zu repräsentieren. Oder besser alles Katholische. Herauszutreten aus einer solchen Zugehörigkeit und den Schritt der Aufklärung zu einer Sicht auf sich selbst zukommen. Und solche Zugehörigkeit als falsch aufzugeben. Es macht traurig. Eine Selbstverständlichkeit ist aufgegeben. Unsicherheit ist die Folge. Vertrauen ist verloren. Es ist Arbeit. Es ist einsame Arbeit, sich sich selbst zu entziehen und auf die Nachsicht anderer angewiesen zu sein.

29. März 2023. New York. Bleecker Street.

Es ist ein schöner Vorfrühlingstag. Der Himmel ist klar. Die Sonne scheint. Die Märzenbecher blühen. Die Magnolien sind fast schon heraußen. Von meinem Fenster schaue ich in den Süden von Manhattan. Ich kann sogar die Spitze des One World Trade Centers hinter einem der Hochhäuser sehen.

Beim Nachrichtenschauen. Ich schaue mit Werbung. Ich zahle nicht genug. Heute. Eine Werbeeinschaltung. Nicole Hockley bittet um Unterstützung einer Eingabe beim Congress in Washington gegen den Verkauf automatischer und halbautomatischer Waffen in den USA. Nicole Hockley erinnert daran, dass beim Sandy Hook High School Shooting ein AR-15 assault rifle verwendet wurde. Der Schütze erschoss mit dieser Waffe in 4 Minuten 25 Personen. Davon 19 Kinder. Nicole Hockleys Sohn war eines der Todesopfer.

Hier. In den USA. In diesem Jahr fanden bisher 130 mass shootings statt. 130 mal besorgten Personen sich Waffen und Munition und gingen, anderen das Leben zu nehmen. »It's time to die«, sagte der Schütze in Uvalde zu den Kindern und schoss. Mit einem AR-15 rifle. 19 Kinder und zwei Lehrer waren tot. Weitere 17 Kinder schwer verletzt.

Futuristen könnten jetzt nicken. Eine solche Tat. Der Täter. Die Täter. – Letzthin eine transgender person in Memphis. – Ein Entwurf ist in die Tat umgesetzt. Die Vorstellung zu Wirklichkeit gemacht. Was im Krieg selbstverständlich ist, tritt hier als Einzeltat in Erscheinung. Eine Person hat sich die Welt nach ihren Vorstellungen zurecht gerichtet. Tot. Verheerung. Vernichtung. Eine wüste Rückzahlung der Intoleranz ist das. Und hier. In den USA. Die Person hat die Verfassungslogik der Freiheit zu Ende geführt. Der in Unterhaltung und Politik bewirtschaftete, postreligiöse Hass wird in die Wirklichkeit gekippt. Die Täterpersonen erfüllen die Logik des Lebensbetrugs eines Wirtschaftssystems, das auch noch an den kleinsten und intimsten Anteilen der Person einen Profit erzielen will. Und nichts zurückgibt als tote Produkte. Künstliche Intelligenz ist da nur die konsequente Steigerung dieses Totseins. Künstliche Intelligenz wird selbstverständlich solche Akte des Terrors in der Erfüllung der Intoleranz des Totseins setzen. Tod ist schließlich die endgültige Unmöglichkeit des Duldens. Oder des GeduldetWerdens. Es war ja immer notwendig, die ungeduldeten Personen zu töten, und sie so jeder anderen Möglichkeit als der Intoleranz zu entziehen. Solche Akte des Terrors werden in Zukunft künstlich angebracht werden. – Und war Kunst nicht immer auch in diesen Auftrag gebunden? – Wie sonst sollten die Gefühle der Trauer und des Mitleids gesellschaftlich medial geübt werden können. Und. Alle können sich an der umfassenden Intoleranz bedienen. Und. Es war einfach. Es wurde in der Formel »the common good« das »common« gestrichen. Und damit. Eine Gesellschaft kann sich selbst nicht mehr erkennen. Der Aspekt, der im »common« dem Erkennen voneinander diente. Dieser Aspekt ist seit den 70er Jahren in der Bekämpfung der »Hippie Ideologie« von love and peace ausgemerzt worden.

Ronald Reagan sagte als Erster wieder »Let them suffer«. Er meinte die schwarzen teenage moms. Aber. Er gab damit allgemein die Grausamkeit wieder frei, politisch Schmerzen verordnen zu dürfen. Intoleranz war das. Heute wissen wir, wie verlogen es in diesen Wahlkämpfen zuging. Aber wieder. Eine Wirklichkeit ist akzeptiert, die auf Intoleranz aufbaut. Die Kosten davon. Die school shootings zählen dazu. Wenn nicht alle gleich sind, wie das versprochen ist. Und wenn Gewalt gegen Gruppen die alte Geschichte der Intoleranz erzählt. Wenn alle rhetorischen Formen der Intoleranz normalisiert in der Politik verwendet werden können. Dann ist die Idee diese Intoleranz in die Tat umsetzen zu können, eine Möglichkeit geworden.

Und. Ohne »common« kann es schon gar keine Toleranz geben. Was sollte das auch sein, wenn der Überbegriff verloren gegangen ist, unter dem alle sich vergleichend anordnen können sollten, um dann den Vergleich aufzugeben und einander zu akzeptieren.

20. März 2023. Newark.

Beim Anstehen für die Immigration. Es ist jedes Mal ein bisschen beunruhigend, sich so anstellen zu müssen. Nicht telefonieren zu sollen. Nicht laut zu sein. Den Anweisungen folgen zu müssen. Unter keinen Umständen, die weiße Linie vor dem Schalter zu überschreiten. Dann in die Kamera starren. Die Fingerprints überprüfen zu lassen. Erklären, warum eine einreisen wolle. Immer die Frage, ob eine zugelassen werden wird. Oder zurückmuss.

In der sehr langen Schlange. An einer Säule. Eine Frau liegt auf dem Boden. Sie erbricht. Ein kleiner See orangeroten Erbrochenens. Eine Beamtin drängelt sich zu ihr durch. Sie geht weg. Ein Beamter beugt sich über die Frau. Ob sie ein Medikament nähme. Wo ihr Pass sei. Die Frau reagiert nicht. Es ist zu sehen, dass sie wieder erbrechen muss. Wir werden weitergeschoben. Ich verliere die Frau aus den Augen. Nach langem komme ich wieder an ihr vorbei. Es hat sich nichts geändert. Sie kauert an die Säule gedrängt und reagiert nicht. Zwei neue Beamte beugen sich über sie. Der eine richtet sich auf und spricht in sein walkie talkie. Dann schauen die beiden Beamten einander an.

Und ach ja. Vielleicht ist diese Person nicht krank. Vielleicht hat sie ein Mittel eingenommen, so krank zu werden, dass sie abtransportiert werden muss. Und ihr damit die Einreise in die USA gelungen ist.

Die beiden Beamten versuchen, die Person aufzurichten. Die Beamtin kommt mit einem Ballen Klopapier und bedeckt das Erbrochene. Wir werden wieder weitergeschoben. Ich kann die Frau nicht mehr sehen. Zu sehen war aber ohnehin nur eine zusammengekauerte Person, die weibliche Kleidung trug. Grauer Mantel. Schwarze Ballerinas. Europäisch westlich. Genaueres war nicht zu sagen. Ich dachte, dass es dieser Frau sehr schlecht ging. Dass medizinische Hilfe notwendig war. Aber. Ich bin darin geschult, mich vor der Einwanderungsbehörde der USA sehr unauffällig zu verhalten. Meine Hilfe hätte dieser Person schaden können. Eine Verschwörung wäre angenommen worden.

Und niemand anderer näherte sich ja auch dieser Person. Niemand machte eine Bemerkung. Die Person kauerte an der Säule, während alle anderen weitergingen. Wir waren alle compliant.

Wenn diese Person nun auf der Flucht war. Wie so viele. Wenn sie keine andere Möglichkeit hatte, als sich in dieses andere Land hineinzudrängen. Wie so viele. Wenn sie vor der Intoleranz eines Regimes auf der Flucht war. Wie so viele. Wenn sie also unter die Bezeichnung »Migrantin« fällt. Eine Benennung, die Voraussetzung für höchste Intoleranzen des Politischen bedeutet. Dann macht es Sinn, sich selbst zu vergiften, um einem bösen Schicksal zu entkommen. Dann erscheint ein Staat wünschenswert, auch wenn der das Ziel der Toleranz aufgegeben hat. Dann muss ein bisschen Toleranz genügen. Aber. Ich fragte mich. Wie wird das weitergehen.

Wenn die Klimaprobleme intolerante Lösungen finden. Was zu erwarten ist. Wie soll das Heil der Gleichheit aller plötzlich ausbrechen, wenn die Ressourcen schwinden. Welche Merkmale werden es sein, die den Zugang zu gesunder Luft und klarem Wasser ermöglichen. O. Es hat eine böse Logik, dass love and peace so bekämpft wurden. Die intoleranterweise hergestellten Hierarchien werden intolerant interpretiert nicht anders wirken als die Religionen im 16. Jahrhundert.

Ach ja. Es braucht ja nur die Vernunft. Dieses Blendwerk des Patriarchats. Die Toleranz. Der Versuch, ohne Bekenntnis auszukommen. Der Versuch, Bekenntnisse nicht zur Grundlage der Lebensberechtigung zu machen. Aber das wird nicht reichen. So lange nicht jeder Person das Lebensrecht zugestanden und abgesichert ist. So lange wird Toleranz die Intoleranz nur überdecken. Abfedern. Mildern. Wir werden in Flugzeugen zusammensitzen können, ohne in Raufhändel zu verfallen, ob einer diese oder jene Kopfbedeckung zu Ehren seines jeweiligen Gotts aufhaben darf. Für kleine Ziele wird die Toleranz ausreichen. Aber. Sie ist ein kleines Instrument und muss jedes Mal neu argumentiert werden. Die Intoleranz dagegen. Die tritt total auf. Ja. Die neoliberale Person hat erlernen müssen, gegen sich selbst intolerant zu sein. Darin gleichen wir heute alle den Absolventen von Eliteschulen in unserer neoliberalen Selbstregierung, die von einem common good nichts wissen darf.

29. Juli 2010. New York. The Museum of Jewish Heritag in Lower Manhattan.

»I hope the portrait of Wally will be a symbol of tolerance«, sagt Elisabeth Leopold.[3] Sie steht unter dem Bild. Sie erklärt, dass sie dieses Bild heimholen müsse. Es gehöre als Ergänzung zum Selbstporträt Schieles.

Für diese Heimholung wurden 19 Millionen Euro aufgebracht. Es ging um das Festhalten an diesem Besitz. Ein Fetisch. Die Gesten bei der Präsentation des zurückgekauften Bilds im Leopold Museum in Wien beweisen das. Gesagt wird, »Die Wally« sei zurückgekehrt.

Toleranz? Weder im rechtlichen noch im kulturellen Sinn hatte sie ausgereicht. Die Geschichte dieses Bilds erzählt die Hintergründe der Intoleranz. Besitz und Macht. Toleranz? Hätte dieses Wort angewandt, nicht dazu führen müssen, dieses Bild im Museum of Jewish Heritage in Lower Manhattan hängen zu las-

3 Shea, Andrew: Portrait of Wally. Video.

sen? Die 19 Millionen zahlen und das Bild zurücklassen? Kann Intoleranz weggekauft werden? Können die Folgen eines der Höhepunkte der Intoleranz in der Shoa? Kann Geld reinigen? Sollen wir dieses Bild überhaupt noch anschauen? Nach all dem? Ist Kunst in der Lage, die Geschichte der Intoleranz zu überbrücken? Ist Kunst nach der Shoa überhaupt noch Kunst? Hätten wir nicht vollkommen neu anfangen müssen?

Viel ist jedenfalls nicht erreicht, wenn Elisabeth Leopold in Manhattan das Toleranzpatent wiederholt. Nichts an Toleranz hat die Shoa verhindert. Es wurden die Bürgerrechte der über den einen Aspekt des Jüdischen definierten Personen aberkannt. Die Rede von Elisabeth Leopold klingt so, als könne zu einem Zustand vor der Shoa zurückgekehrt werden. Ein Zustand wird suggeriert, in dem das Jüdische toleriert war. Und. Wir geraten in die Zirkelschlüsse der Ausreden.

Wenn festgelegte Grundrechte aller in einem stabilen Rechtssystem gesichert sind. Wenn ein solcher Rechtszustand sich Toleranz nennen will. Ja. Dann können wir das akzeptieren. Weniger aber nicht. Herumgerede über Toleranz, als ginge es um eine steuerrelevante Spende. Toleranz als viktorianische Beglückungshaltung. Als Vorwurf gegen Gutmenschentum. Solche allgemein vage Verwendung des Worts. Das ist der erste Schritt in die Intoleranz.

Und. Jeden Tag. Toleranz muss jeden Tag neu bestätigt werden. Das ist mit Tugenden so. Alles, was dem Leben gilt, muss täglich neu angewandt werden. Die Intoleranz hat die grausame Tat zu Verfügung. Und die grausame Tat. Sie zieht ihre Spur. Das Gute. Das Förderliche. Das Lebenszugewandte. Das Tolerante. Die Liebe. Wie das Leben selbst braucht das jeden Augenblick und alle Aufmerksamkeit. Wie das Leben selbst jeden Augenblick ist, müsste die Toleranz jeden Augenblick angewandt werden. Aber wie sollte das gehen? In unseren ansäkularisierten Kulturen der späten Moderne? Mit der Dominanz des grausamen Bilds? In Unterhaltung und Information. Und wenn im Museum die zurückgekaufte Beute hängt?

20. März 2023. Auf der Fahrt vom Flughafen Newark nach Manhattan.

Auf der Fahrt von Newark weg. Sirenen. Ein Rettungsfahrzeug überholt uns. Ich hoffte sehr. Ich hoffe, die kranke Person in der Warteschlange bekam die Hilfe, die sie brauchte und wurde ins Spital gefahren. Was immer das für ihren Status bedeutete. Im Grunde geht es immer nur um den einfachen Satz »Was du nicht willst, was man dir tut …« Und wieder muss ich überlegen, in welcher Form dieser Satz Gültigkeit haben könnte. Und natürlich laufen meine Überlegungen wieder die Synonyme von Solidarität entlang. Affinität. Bindung. Einigkeit. Einmütigkeit. Geistesverwandtschaft. Gerechtigkeit. Kameradschaftlichkeit. Kollegialität. Aber. Das beschreibt alles nicht das hier Notwendige. Es wird eben nicht reichen, so zu tun, als müsse man sich nicht um die anderen kümmern. Als wäre es eine Tugend, sich nicht um die anderen zu scheren. Solche soziale Passivität trägt schon den Beginn der Intoleranz in sich. Aber dann wieder. Erst, wenn die Intoleranz unwirksam gemacht worden ist, werden jene Transformationen möglich sein, die für unser Überleben gebraucht werden. Erst dann wäre das einzusetzende Synonym für Toleranz Liebe in politischer Form. Love and peace. Wir müssen von vorne beginnen.

12. Mai 2023. Wien.

Abu Zubaydah ist seit 21 Jahren ohne Anklage in Guantanamo eingekerkert. Er wird gefoltert und am Leben erhalten. Wenn er aus Verzweiflung die Nahrung verweigert, dann wird er künstlich ernährt. Zwangsweise. Er hat Zeichnungen davon gemacht. Sie werden von seinen Anwälten veröffentlicht. Deshalb wissen wir es wieder. Aber. Wüssten wir es nicht ohnehin, wir könnten es an diesem Beispiel zeigen. Die Brutalisierung der Anderen brutalisiert die Täter selbst.

Seit 9/11 haben die USA in aller Offenheit die Errungenschaften der Aufklärung wieder hinter sich gelassen. Es wird gefoltert. Offiziell. Der Folter-Bericht des CIA wird jedes Jahr länger. Die scharfe Gespaltenheit der USA in die Männlichkeitsvorstellungen von white supremacy und demokratischer Toleranz beruht auf dieser Politik der Auslöschung des Gegners. Die US-amerikanische Bevölkerung musste für diesen Krieg und alle Folgen teuer bezahlen. Das versetzt die einen in die Berechtigung, an dieser Gewalt teilzunehmen. Die anderen versuchen auf eine demokratischere Politik zurückzukehren. Wirklich verurteilt wird niemand für solche Politik. Im Gegenteil. Ron DeSantis. Ein Konkurrent Donald Trumps gerade. Von ihm wird berichtet, dass er seine Position als Menschenrechtsanwalt in Guantanamo dazu benutzte, die Gefangenen für den CIA auszuspionieren. Niemand empört sich darüber. Folter ist ein normales Mittel der Landesverteidigung geworden. Folter ist normalisiert.

Vorerst gegen Feinde außerhalb. Erst einmal verschanzen sich die Verteidiger der white supremacy hinter dem second amendment, das ihnen das Waffentragen erlaubt. Die Verdächtigung der Anderen scheint sich mit den Möglichkeiten solcher Waffen anzuheizen. Die Polizeibrutalität gibt das wieder. Und in zivilen Mordtaten. In New York erdrosselte ein weißer Mann einen schwarzen in der U-Bahnstation Broadway-Lafayette und wurde zunächst nicht angeklagt. Ein Mann, der einen schwarzen Jugendlichen erschoss, weil der bei ihm angeläutet hatte, wurde auch erst nach heftigen Protesten dem Sheriff vorgeführt. Ein Beamter in Mississippi wünschte sich das Lynchen zurück. Es gab Stimmen, die ihn verteidigten. Aber noch musste er zurücktreten.

Die Trennung der Gewalten ist aufgehoben. White supremacists machen sich selbst zum Richter und Vollstrecker und die Gesetze stellen sie sich selber auf. Toleranz gibt es da längst nicht mehr. Nicht einmal die Idee davon ist geblieben. Weite Teile der Bevölkerung sind in Glaubenssystemen des Rechtsradikalen oder Evangelikalen selbst eingekerkert und leben die sadomasochistische Politik eines postchristlichen Faschismus, dessen Vertreter sie selbst wählen. Das Patriarchat kämpft wieder einmal offen um die Dominanz. Und wieder einmal stellt sich die Frage, welche Mittel der Toleranz zur Verfügung stehen, durchgesetzt zu werden. Und wieder stellt sich die Frage, was es heißt, in einem Staat zu leben, der foltert und hinrichtet. Wie ja alles dahinstrebt, die Errungenschaften der Aufklärung abzuwerten. Das basal Christliche kommt in aller Männlichkeitskonstruktion wieder zum Vorschein. Wir müssen von vorne beginnen. Wieder einmal.

Inhalt

Marlene Streeruwitz, in Baden bei Wien geboren, studierte Slawistik und Kunstgeschichte und begann als Regisseurin und Autorin von Theaterstücken und Hörspielen. Für ihre Romane erhielt sie zahlreiche Auszeichnungen, darunter den Bremer Literaturpreis und den Preis der Literaturhäuser. Ihre Romane *Die Schmerzmacherin* (Shortlist, 2011) und *Flammenwand* (Longlist, 2019) waren für den Deutschen Buchpreis nominiert. Zuletzt erschien der Roman *Tage im Mai* (2023).

Umschlag: & Co www.und-co.at
Satz: AD
Druck: Florjančič

ISBN 978-3-99059-146-8

Literaturverlag Droschl Stenggstraße 33 A-8043 Graz
www.droschl.com